is learning to write!

PART 1

Let's start with tracing!

Follow the dashed lines. As you get better, the lines get lighter!

A is for Apple

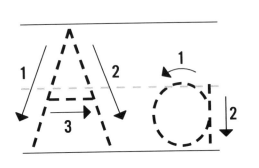

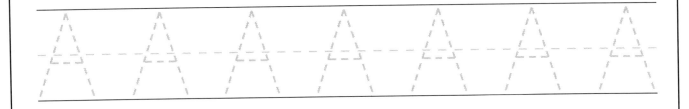

B is for Bow

B B B B B B B

B B B B B B B

b b b b b b b

b b b b b b b

C is for Cat

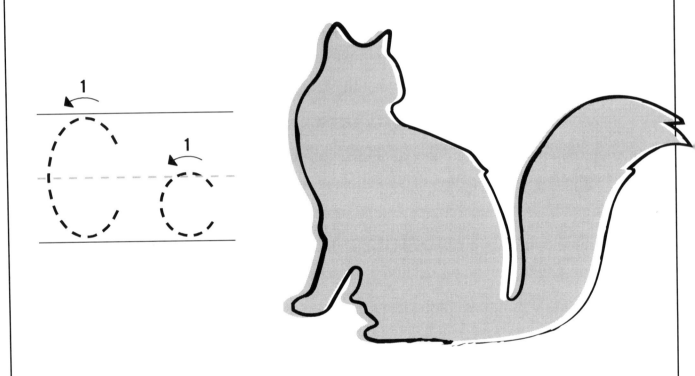

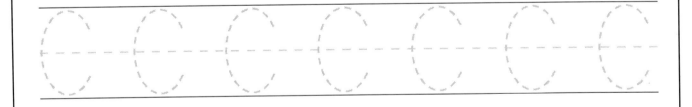

D is for Dress

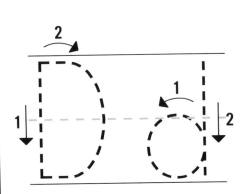

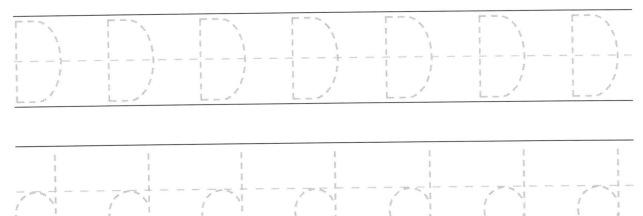

E is for Elephant

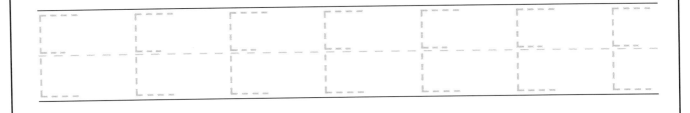

F is for Flower

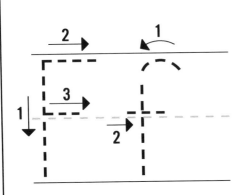

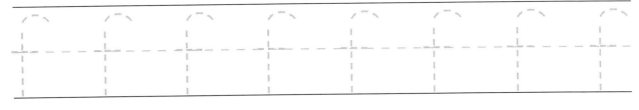

G is for Grapes

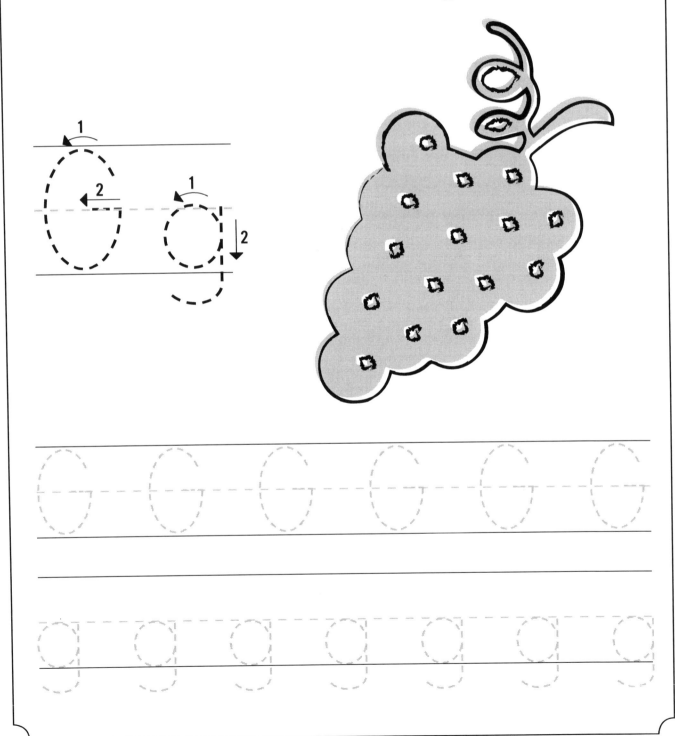

H is for Heart

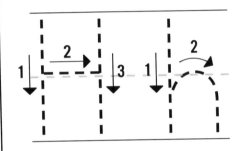

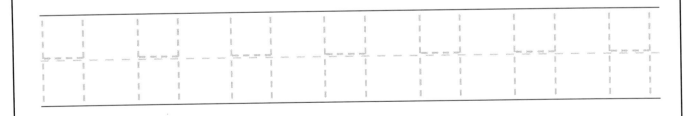

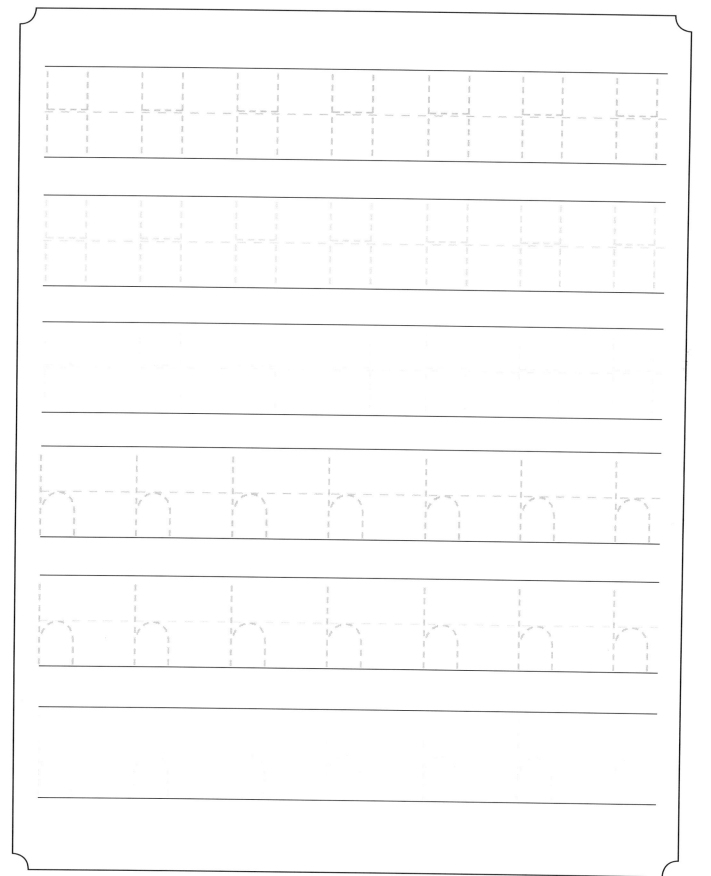

I is for Ice Cream

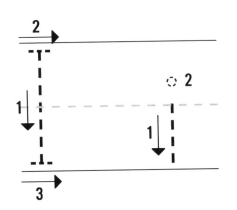

J is for Jellyfish

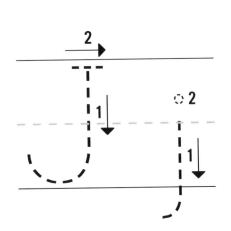

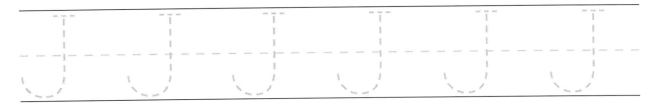

L is for Leaf

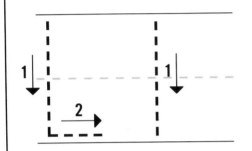
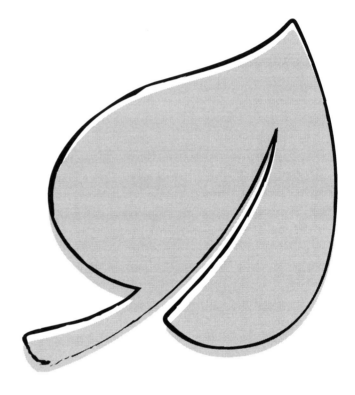
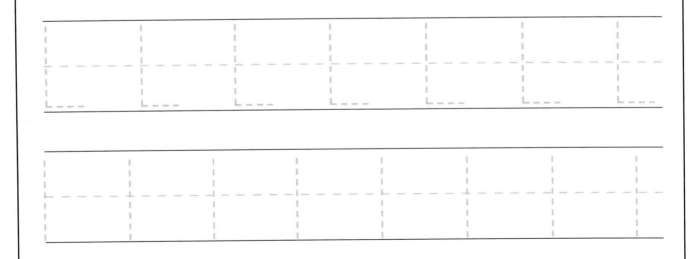

M is for Moon

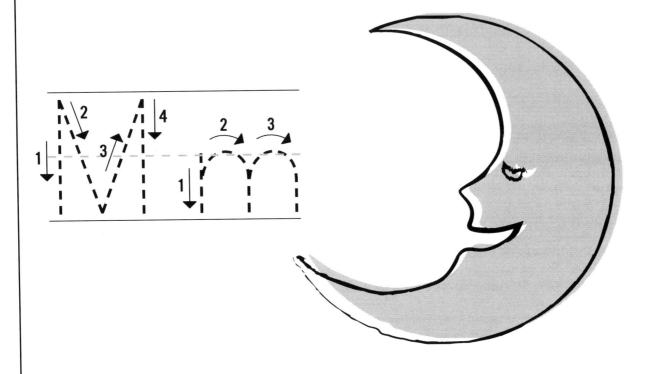

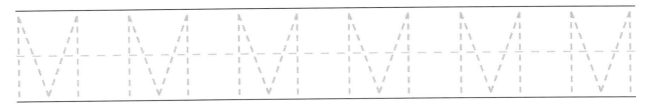

N is for Necklace

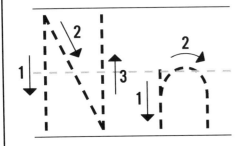

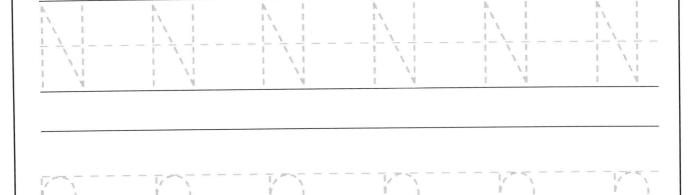

O is for Octopus

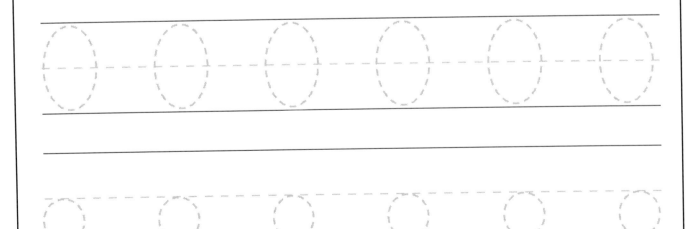

P is for Pizza

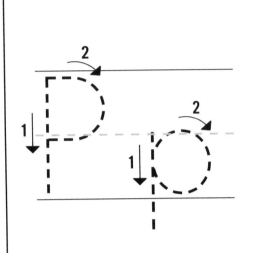

P P P P P P P

P P P P P P P

p p p p p p p

p p p p p p p

Q is for Question

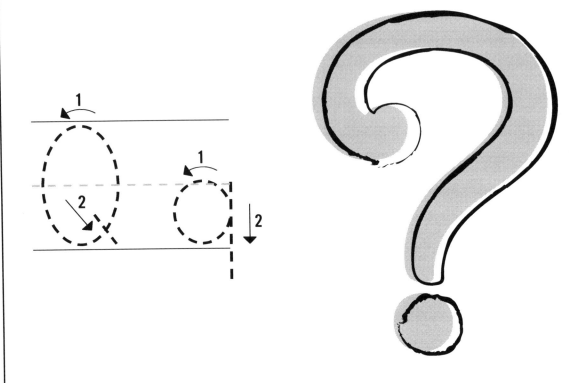

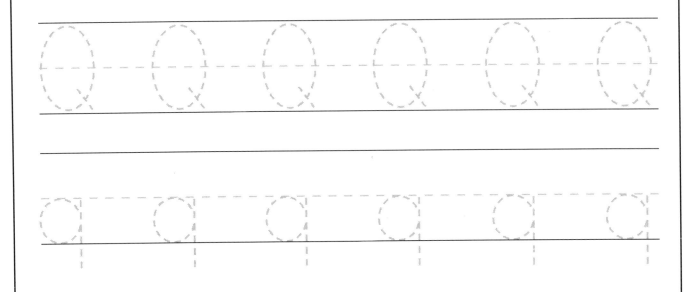

R is for Rainbow

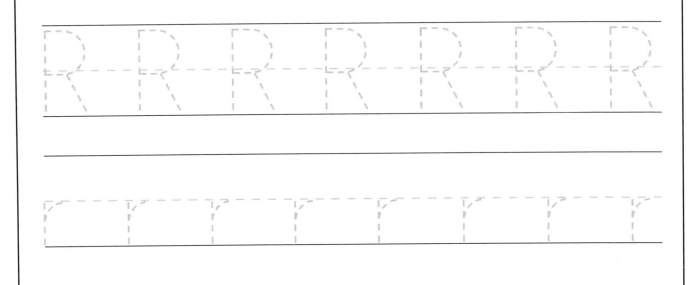

S is for Sun

S S S S S S S

S S S S S S S

s s s s s s s

s s s s s s s

T is for Teddy Bear

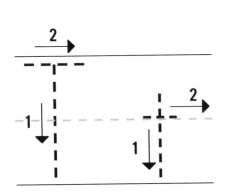

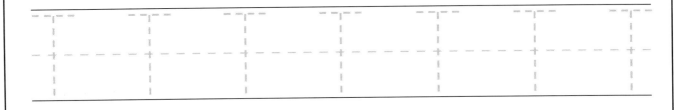

U is for Umbrella

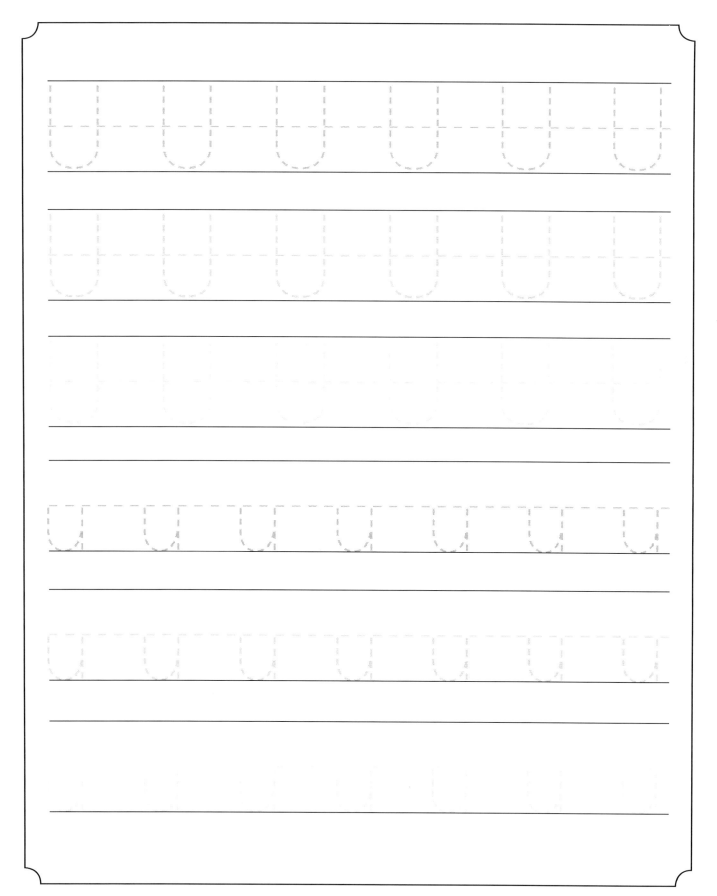

W is for Watermelon

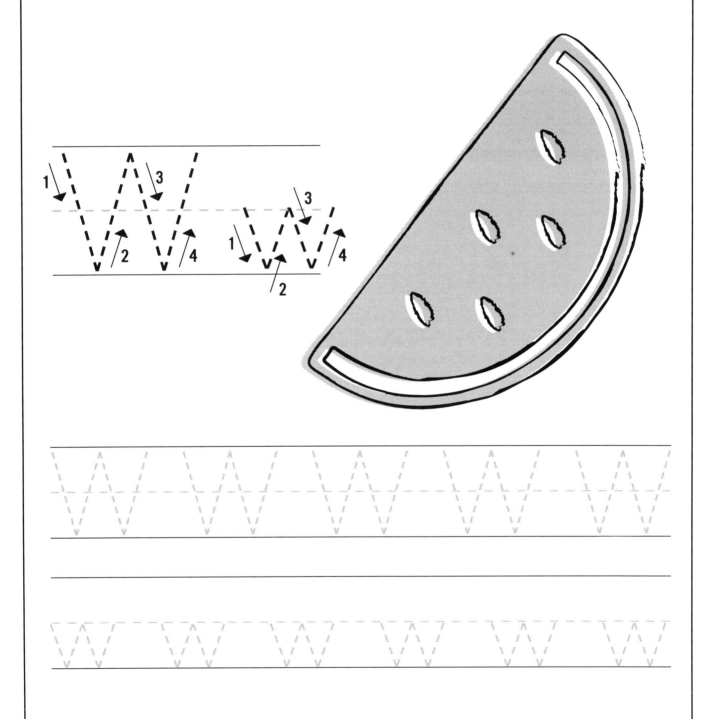

X is for Xylophone

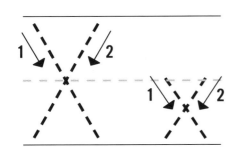
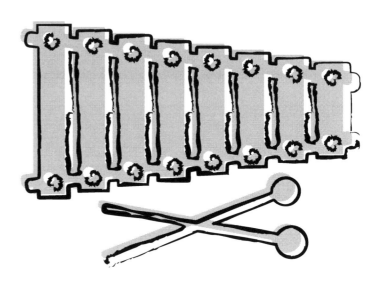
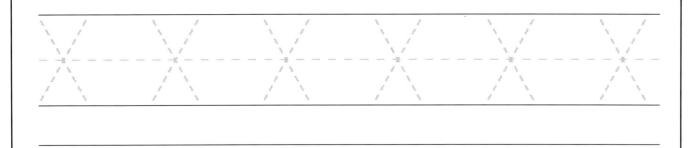

Y is for Yolk

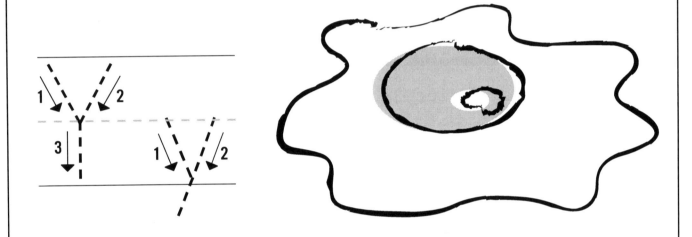

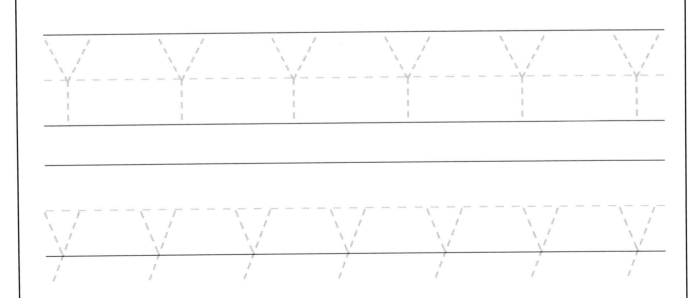

Z is for Zipper

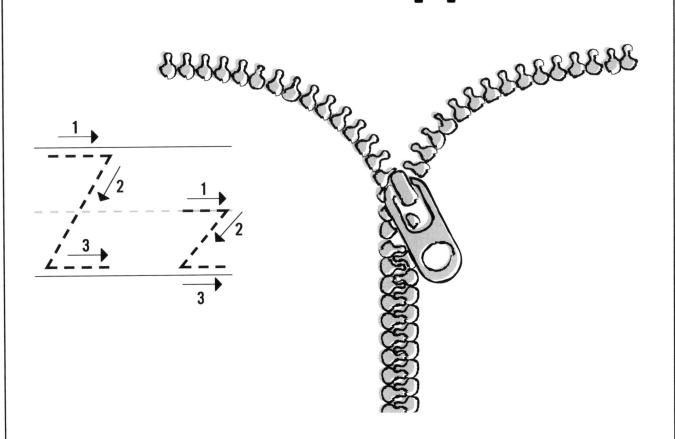

PART 2

Now try it with words!

A

an an an an an

ant ant ant ant

art art art art

alot alot alot

about about

attack attack

B

be be be be be

bat bat bat bat

big big big big

buzz buzz buzz

beach beach

baking baking

C

cat cat cat cat

cod cod cod cod

cane cane cane

camp camp

craft craft craft

cactus cactus

D

do do do do do do

dad dad dad

dip dip dip dip

duck duck duck

dusty dusty

dragon dragon

E

ear ear ear ear

eye eye eye eye

easy easy easy

even even even

exact exact

energy energy

F

fog fog fog fog

fix fix fix fix

free free free

fire fire fire fire

flight flight

friend friend

G

go go go go go go

get get get get

gym gym gym

gold gold gold

games games

giving giving

H

he he he he he

his his his his

her her her her

help help help

heard heard

horses horses

I

in in in in in in in in

is is is is is is is is

ice ice ice ice

itch itch itch itch itch

igloo igloo igloo

insect insect

J

jog jog jog jog

jet jet jet jet jet

jeep jeep jeep

jump jump jump

jokes jokes jokes

junior junior junior

K

kit kit kit kit kit

key key key key

kite kite kite kite

kept kept kept

kapow kapow

keypad keypad

L

leg leg leg leg

lad lad lad lad

lava lava lava

lawn lawn lawn

large large large

lesson lesson

M

me me me me

mat mat mat

men men men

more more more

messy messy

mirror mirror

N

not not not not

nut nut nut nut

nest nest nest

nose nose nose

names names

nachos nachos

O

on on on on on

off off off off

old old old old

okay okay okay

ocean ocean

object object

P

pet pet pet pet

pie pie pie pie

pass pass pass

pant pant pant

panda panda

pebble pebble

R

rag rag rag rag

run run run run

rope rope rope

rake rake rake

robots robots

rabbit rabbit

S

so so so so so

see see see see

stew stew stew

skit skit skit skit

scout scout

safety safety

T

to to to to to to to to

the the the the

tap tap tap tap

then then then then

touch touch

thumbs thumbs

U

us us us us us

up up up up up

use use use use

upon upon upon

unite unite unite

unique unique

V

van van van van

vet vet vet vet

vest vest vest

video video video

vines vines

voice voice

W

we we we we

win win win win

west west west

wash wash

woman woman

wanted wanted

X

xylophone

xylophone

xylophone

xylophone

xylophone

xylophone

Y

you you you you

yes yes yes yes

your your your

year year year

yacht yacht

yahoo yahoo

Z

zoo zoo zoo zoo

zip zip zip zip zip

zing zing zing

zero zero zero

zebra zebra

zigzag zigzag

Made in the USA
Middletown, DE
27 August 2017